MWEN SE YON DOKTÈ

"Ki kalite doktè mwen ye?"

Daphney Maurisseau Carter,
MSN, ARNP, FNP-BC

Copyright © 2018 Daphney Maurisseau Carter

Tout dwa rezève. Okenn pati nan liv sa pa ka repwodwi, distribiye, oswa transmèt sou nenpòt ki fòm swa pa fotocopi, enregistreman, oubyen pa lòt fom, swa elektwonik, oubyen mekanik, san pèmisyon piblikatè a, eksepte nan ka ke moun ap resite ou ti pati ke dwa piblikasyon an pemet. Pou tout pèmisyon, ekri piblikatè a e mete "pemisyon piblikatè" nan adrès la ki pi ba.

ISBN: 978-1-945532-73-3

Pibliye pa Opportune Publication
 Independentwww.opportunepublishing.com
info@opportunepublishing.com

Ekri pa Daphney Maurisseau Carter

Tradiksyon:
Germith Geffrard Cadelien, Marie E. Maurisseau, Joseph L. Despagne.

Ilistre pa Keira Laraque

Pouw ka jwen liv sa:swa an detay ou byen an gwo. Nou bay bon pri pou kòperasyon, asosyasyon yo e lòt gwoup. Pou plis detay, kontakte mwen nan fondasyonmwen www.icanbefoundationinc.org, oswa kouryè elektwonik icanbefoundation@gmail.com.

ABOUT I CAN BE FOUNDATION INC

I Can Be Foundation Inc. is a 501 (c) 3 nonprofit organization that develops programs and host events that emphasizes the importance of literacy in our youth.

In addition, the I Can Be Foundation Inc.'s events spotlights child entrepreneurs by providing a platform to showcase their businesses and/or foundations.

The I Can Be Foundation Inc. seeks to empower and educate children of all ages via the I Can Be Books series. These books provide our youth with early exposure to both traditional and non-traditional careers.

The I Can Be Foundation Inc. keys to success are to READ. LEARN. BEELIEVE. ACHIEVE. REPEAT.

Liv sa dedye a paran mwen Fritz e Marie Evelyne Maurisseau

Mwen se yon doktè ki ka trete tout kalite maladi. Travay mwen, se pou okipe moun tout laj. Mwen kapab travay nan lopital, klinik prive, piblik, oswa ale kay moun malad. Ou kapab rele'm yon medsin, oswa yon founisè swen lasante.

Eske'w te konnen ke genyen anpil kalite doktè? Genyen yon doktè pou prèske tout pati nan kò ou. Menm ti bebe yo gen pwòp kalite doktè yo. Yo rele yo pedyat. Tout tan ou kontinye li, wap gen chans pou wè ki kalite doktè yo ye, daprè pati nan kò yo okipe.

Si ou gen dan, mwen se dòktè ki ka ede'w pran swen yo. Mwen retire, repare e mwen bouche twou nan dan tou. Menm si danw kase, mwen ka range sa tou. Si'w manje twòp sirèt, ou gen pou vin jwenn mwen.

Ki kalite doktè mwen ye?

Dantis
(Doktè Dan)

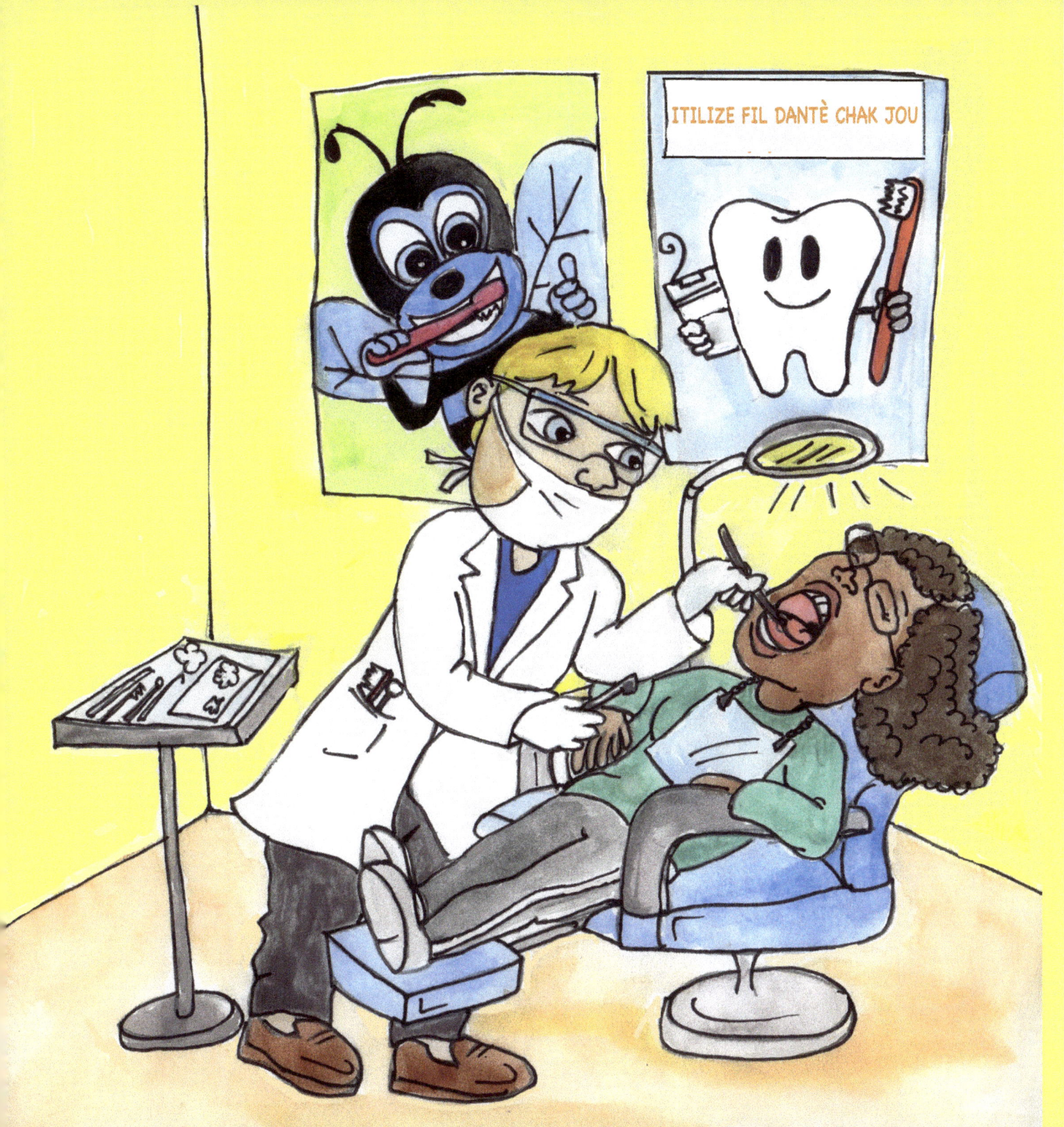

Mwen pran swen fanm ansent. Mwen bay konsèy pou yo prepare pou ti moun ki nan vant manman. Gade! M'sèvi ak yon aparèy pou'm fè sonogram e tcheke sikilasyon ti bebe ki lan vant la.

Ki kalite doktè mwen ye?

Obstetrisyen/Jinekològ (Doktè Fanm Ansent)

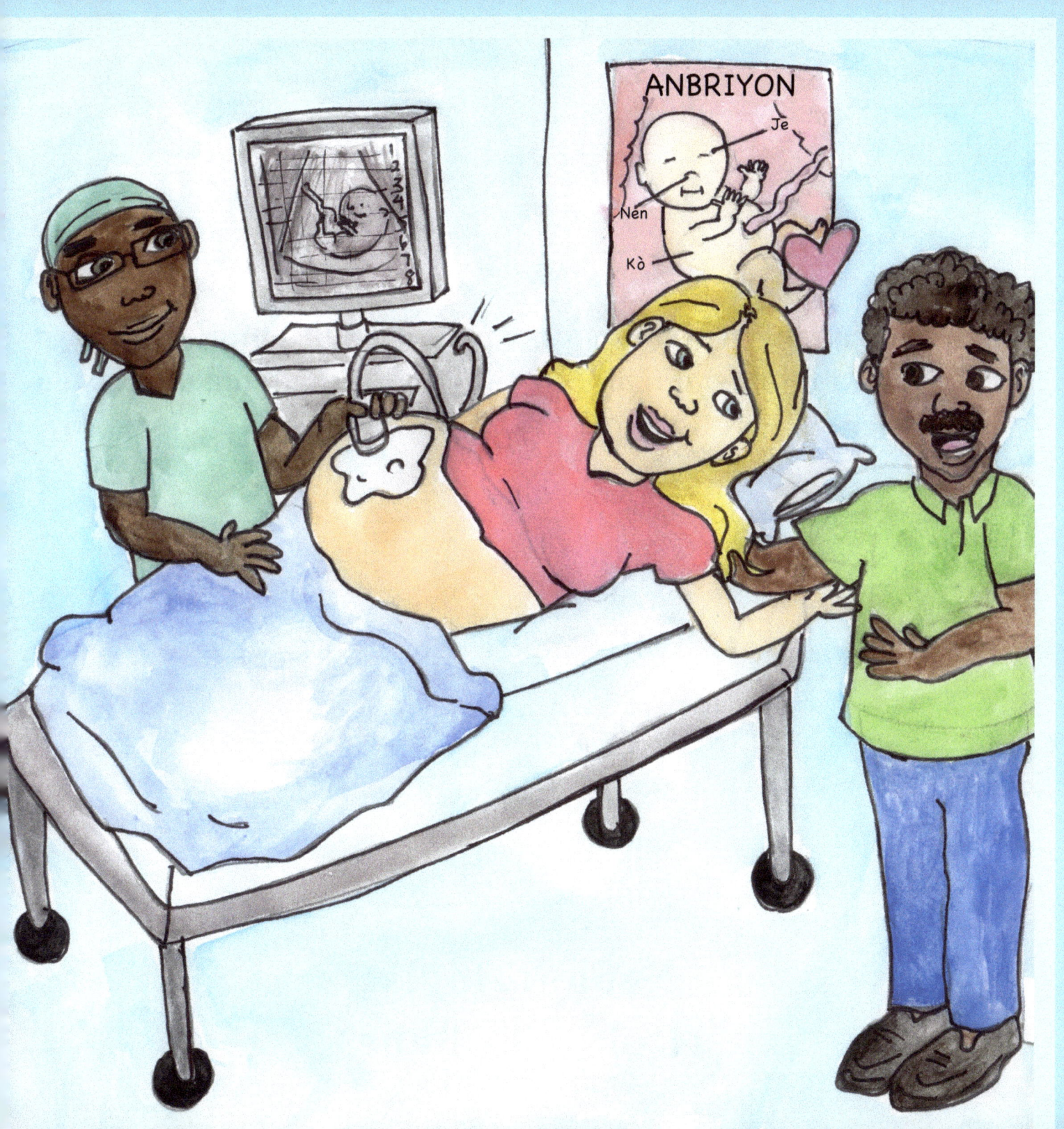

Mwen pran swen timoun sa yo ki fèt byen bonè. Yo rele yo "timoun ki fèt anvan tèm". Lè ti bebe yo fèt ak maladi, mwen pran swen yo tou. Gade! M'pran swen ti bebe nan kouvèz la.

Ki kalite doktè mwen ye?

**Neonatalogist
(Doktè Ti Bebe)**

Mwen gen anpil konesans pou mwen trete e anpeche maladi kè ak veso sangen. Mwen kapab itilize yon machine (EKG) pou ede'm sonde kondisyon kè moun.

Ki kalite doktè mwen ye?

**Kadyolog
(Doktè Kè)**

Vinn nan biwo'm, si ou gen pwoblèm ak po ou. Pandan ou isit la, m'ap anseye ou koman pou'w pran swen po ou. Anpil fwa, map sèvi ak yon loup pou ka pemet mwen gade po ou pi byen.

Ki kalite doktè mwen ye?

Dèmatòlog
(Doktè Po)

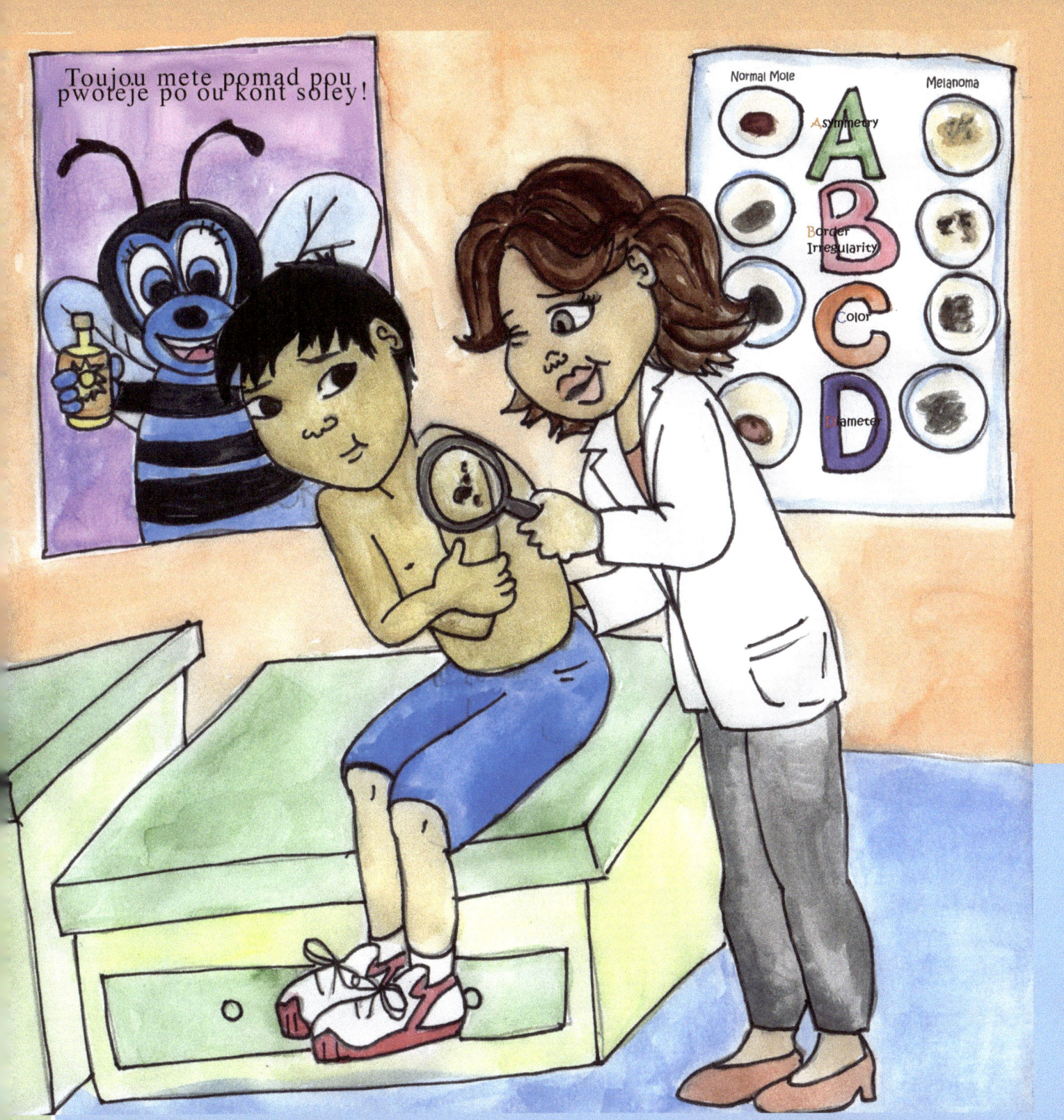

Lè zo yon moun kase, oubyen kek vye maladi ki bezwen pou trete, mwen ka fè operasyon pou moun sa.

Ki kalite doktè mwen ye?

Chirijyen
(Doktè Operasyon)

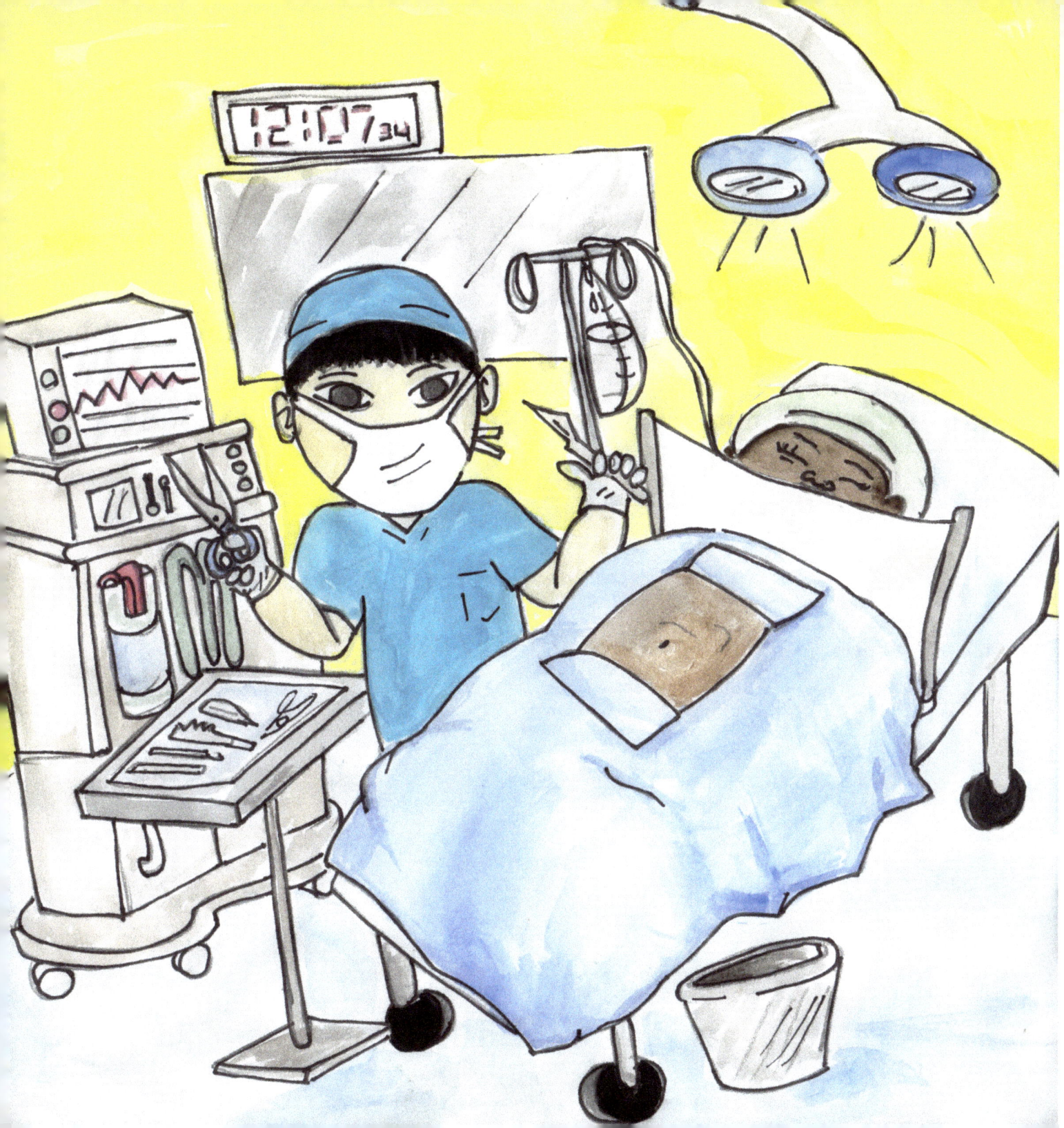

Mwen pran swen moun ki malad nan pye, cheviy, oubyen zòtey. Si ou genyen yon zo kase oubyen ki deplase, pafwa mwen ka fè operasyon nan pye tou.

Ki kalite doktè mwen ye?

Podyat/Podyatrisyen (Doktè Pou Pye)

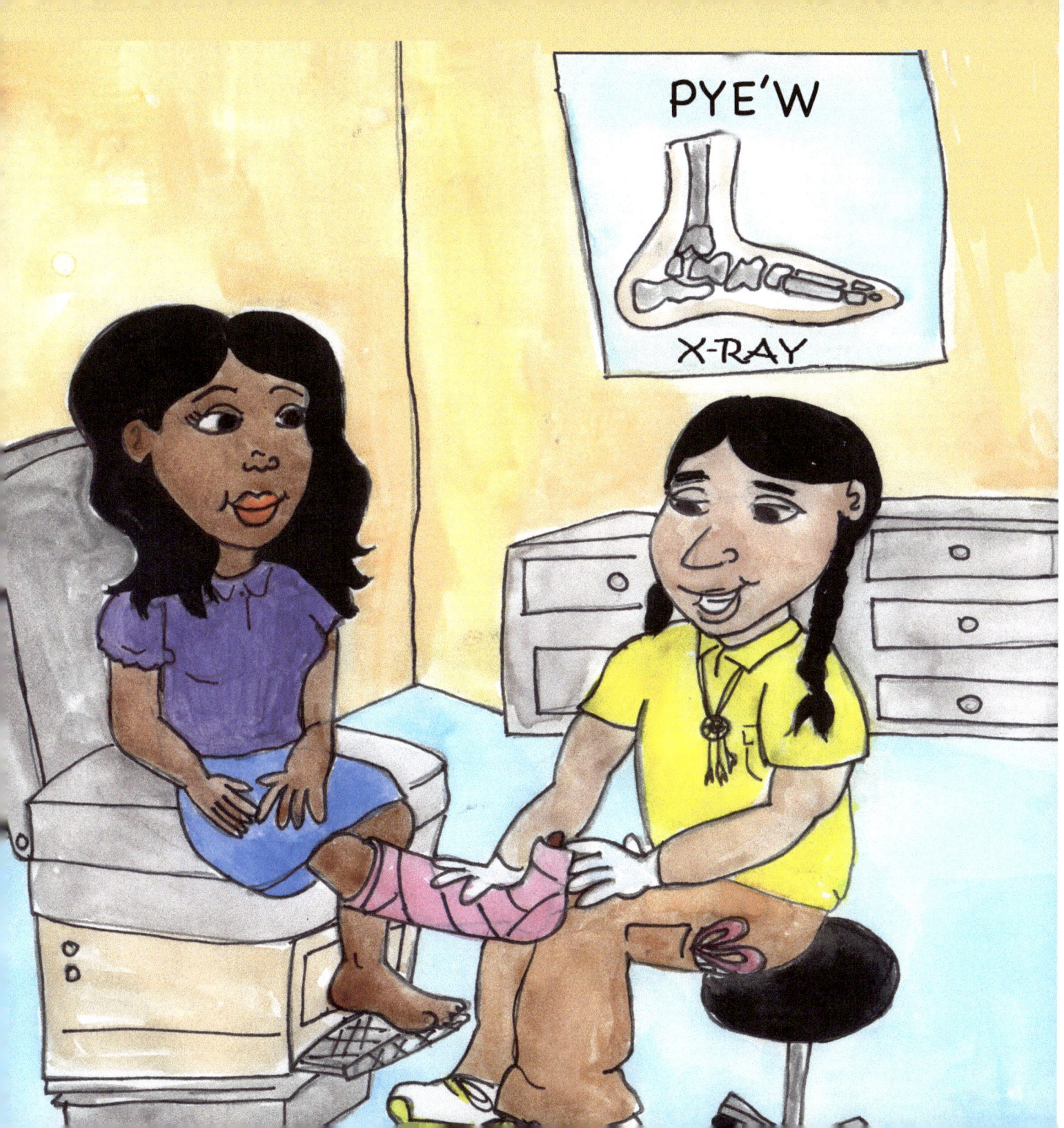

Pou moun ki paka wè klè, mwen tcheke je yo ak yon aparey ki rele oftalmoskop. Si ou bezwen linèt, oubyen kontak, se mwen pou'w vinn wè.

Ki kalite doktè mwen ye?

Oftalmolojis
(Dòktè Je)

Se mwen ki bay timoun yo swen pou yo ka rete an sante et mwen trete maladi timoun tou. Pasyan m'yo ka soti depi ti bebe jiskaske yo genyen 21 an. Ou ka vin jwenn mwen lè ou bezwen yon egzamen fizik pou lekòl.

Ki kalite doktè mwen ye?

**Pedyat
(Doktè Timoun)**

Lè moun malad, epi yo bezwen medikaman, yo vinn jwenn mwen. Mwen ranpli preskripsyon epi'm anseye pasyan'm yo kijan pou yo pran renmèd yo kòrèkteman e san danje.

Ki kalite doktè mwen ye?

Famasyen
(Doktè Medikaman)

Glossary

Cardiologist [kahr-dee-ol-uh-jist] - Heart Doctor.
Dentist [den-tist] - Teeth & Gums Doctor.
Dermatologist [dur-muh-tol-uh-jist] - Skin Doctor.
Electrocardiogram [ih-lek-troh-kahr-dee-uh-gram] - Instrument that identifies heart problems, also known as EKG machine.
Fetal Doppler Ultrasound - Machine that records baby heart rate.
Incubator - Home for tiny babies.
Magnifying Glass - Lens creating large picture.
Neonatologist [nee-oh-ney-tol-uh-jist] - Baby Doctor.
Obstetrician [ob-sti-trish-uh n] - Pregnancy Doctor.
Ophthalmoscope [of-thal-muh-skohp, op-] - Instrument used to check eyes.
Optometrist [op-tom-i-trist] - Eye Doctor.
Otoscope [oh-tuh-skohp] - Instrument used to check ears.
Pediatrician [pee-dee-uh-trish-uh n] - Children/teen Doctor.
Pharmacist [fahr-muh-sist] - Medicine Doctor.
Physician [fi-zish-uh n] - Doctor.
Podiatrist [puh-dahy-uh-trist] - Foot Doctor.
Prescription - Doctors note with order for medicine.
Scalpel [skal-puh l] - Surgical tool to cut.
Stethoscope [steth-uh-skohp] - Tool used to listen to different body sounds.
Surgeon [sur-juh n] - Surgery Doctor.

www.ingramcontent.com/pod-product-compliance
Lightning Source LLC
Chambersburg PA
CBHW051250110526
44588CB00025B/2944